*Schneebier*

# THOMAS ROSENLÖCHER
## *Schneebier*

GEDICHTE

Residenz Verlag

© für diese Ausgabe: Residenzverlag, Salzburg und Wien
© Mitteldeutscher Verlag Halle · Leipzig 1988
Typographie: Peter Hartmann
Printed in Austria by Druckhaus Nonntal Gesm.b.H, Salzburg

ISBN 3-7017-0589-5

I

# Schneebier

Der Ausschank war geöffnet in das Dunkel
und leuchtete warm in den tiefen
von ferner Kindheit überglänzten Schnee.
Da ich mein Bier vom Brett nahm. Unten ging
riesig die Elbe, endlich als ein Strom
in Richtung Nacht. Und weit hinaus das Eis,
fast bis zur Mitte, wo, da sonst der Weg hinführte,
bei einer Bank vom Winter überwältigt
und einer Schar von schwarzen Stangen
an der Anlegestelle regungslos
die Fähre lag mit ausgelöschten Lichtern.
Eisschollen knirschten lautlos aneinander.
Gurgelnde Schwärze löschte alles Weiß,
und doch ganz draußen noch unwirklich wahr
ein Winterschwan einwärtsgebognen Halses.
Kein Motor wagte sich durch diese Stille.
Indes in mich eiskalte Biere rannen
und ringsher um die Lampe Schneegeriesel
aus meinem Mund ans Holz des Ausschanks glitzernd
vorstöberte. Ich trank und trank und trank.

# Die Elbe

Der Uferweg, die Böschung und die Steine.
An schwarzer Mauer schwarze Industrie
entleert sich schweigend in das schwarze Wasser.
Doch mitziehn Wiesen, und der Berghang, einst
Geleit und Halt, vor Schönheit fast verzitternd,
rollt noch sein Grün über die roten Dächer,
vorbei an einer Villa, weit geöffnet
die Fenster, da Musik herüberweht
und fernher, wo gebaut wird, Pinke Panke,
als gälte es, den Fluß zu dirigieren,
daß er an seinen Rändern heller strudelnd
über glitschige Steine aufwärts fließt
und sich am Grund die Fladen leise regen,
und rascher in der Mitte, nur hinunter,
lautloses Kettenknirschen, Rohrgejohl.
Was hab ich nur. Es geht, es geht doch alles.
Selbst noch der tote Fluß fließt fort.

# Die Landschaft mit der kahlen Stange

Vor weitem Wasser lag das weite Land.
Bauminseln, Kühe und im Gegensinn
der Graugansflüge noch ein Streifen Wald,
bis, bei des Kummerkirchleins Spitze,
seitab versteckt unter Kastaniengrün,
das Meer einbog in langgestreckten Schleifen,
so wie nochmals, vor lauter Ferne blitzend,
mitten im Meer ein gelbes Feld erschien,
knapp überm hingeritzten Horizont,
da leicht und weiß die alten Wolkenbilder
heraufkutschierten oder regungslos
ein weniges verharrten, dunkle Brummer.
So sah ich das, doch fehlte mir der Glaube.
Denn drüben auf schütter bewachsner Kuppe
stand eine Röhre, dumpf und ungestalt,
ein kahler Finger, überm Land,
und wußte nicht, was kam und käme,
und schaute, da ich schaute, durch mich durch.
Das war der Beitrag meiner Zeit.
Was sollten da der Bilder Zeichen?
Irgendwie Leben nannte sich schon Glück.
Und doch, in großer Höhe über mir,
schwebte ein Fetzchen Blau auf, leuchtend rein,
da rings die Wolken, hinterrücks
von Licht betroffen, an den Zackenrändern
aufdampfend, blendend weißes Silber kochten,
und Strahlenbündel, über mehrere
Himmelsetagen, schrägab umgelenkt
in breiten Bändern über Land und Meer

hinter dem Wald, Posaunen, abwärtsschossen,
als Riesenaufstand, daß ich meine Arme,
hoffen zu dürfen können glaubend, hob,
ein Komma winkend zwischen Horizonten.

Die Türme


Beständig des Weges kommen
über den Hügel. Und stehn.
Mit Ferne beladen. Benommen
die Türme auftauchen sehn.

Wolken, die riesigen Barren
der Eiszeit, sind wortlos da oben
am Himmel zum Meer hingezogen
und schürften die Hügel mit Schatten.

Die Wege der Weiden verliefen
sich seitab zum Kirchhof hin.
Am Grund der Kastanien verschliefen
die Toten den Mittag im Grün.

Jetzt aber die Türme der Stadt,
vielzähliges Winken, ganz nah,
aus Stolz und aus Jubel gemacht.
Im Wind flattert leichthin das Haar.

Ein Vorwerk. Die Windmühlen flügeln.
Licht geht mit den Wiesen voraus
den langsamer wandernden Hügeln.
Wer sieht, der ist immer zu Haus.

Nur halte geschlossen die Augen,
sonst gehn dir die Türme davon.
Da Augen zum Sehen nicht taugen,
denn sie sind verstellt von Beton.

## Die Zwillingsschlote

Vom Flußtal aufwärts, wo die Industrie
mit großem Ernst menschenleer rasselnd rauchte,
stieg ich des Jahrs Zweitausendfünfhundertneunzig
nach Nebukadnezar, an frühem Morgen,
längs eines Bächleins müllverschüttet,
auf steilem Pfad durch Buschwerkfinsternis,
bis ich ein freies Feld gewann,
und über mir die Sonne Ostern gongte.
Da war ich sozusagen auferstanden.
Doch mit mir mit aus finsterem Gerassel
mit jedem Schritt hartnäckig hinterrücks
ein riesenhaftes Rohrpaar übers Feld,
Doppelbeton, als wärs dem Feld entwachsen,
zu kränken rings das Grün. – Nur weiter so.
Alles war längst, und viel, und schon genug,
denn keiner zählt die Tage, da ein Mann
früh hier heraufkam und die Sonne kannte,
dachte ich, und die Zwillingsschlote bliesen
wortlos aus ihrer Schrunde ihren Rauch
über die Ebene, eines Motors Knattern
zerschlug sich zwischen Gärten, Feldern, Schnee
als ein Gewimmel tanzte durch die Luft,
so daß am Schlotrand rote Ringe glühten.
Mensch wo war ich nie konnte ich es sein.
Das Dorf, umzäunte Stille, Mandelbäumchen
zartbunt mit Plastostereiern behangen.
Ein kleiner Dreiradfahrer, eifrig kurbelnd,
auf seinem Haupt sieben Indianerfedern
fuhr auf mich zu und klingelte mich an,

daß ich Mensch Mann ein Mensch beiseitesprang.
Was ich sonst noch sah, weiß ich nicht.
Alles geschah erst. Nichts war noch gewesen.
Und müßte ich im Schlotetodesschatten
auf allen viern gehn. Gern biß ich ins Gras.

# Am Rande Roms

Mitten in der Sonne
ein Straßenloch. Daneben
umgestürzt eine Ramme,
aufrecht ein kleiner Eimer
voll Sand. Der hiesige Erdarbeiter
sitzt drei Straßen weiter beim Bier.
Denn wer begriffen hat,
wie kurz das Leben ist,
hat Zeit. Die Ingenieure sind fern.
Und reden ohnehin
in ihren verschiedenen Sprachen.
Und wenn er auch käme, wartet auf ihn
das Straßenloch in der Sonne,
die riesige, schlafende Ramme,
der schweigsame Eimer aus Blech.

# Der Paßgänger

Ich sitze in Sachsen und schau in den Schnee.
Ich saß über Amsterdam
auf einem Balkon mit gedrechselten Stäben
und sah unterm Giebel mir gegenüber
ein Zimmer, in dem eine riesige Katze,
blaßrote Gladiolen und eine Frau
den ganzen Vormittag lebten
und mich plötzlich ansahn. Ich stand
vor dem Hauptbahnhof Dresden,
und grauer war die Geometrie
und geometrischer das Grau
und Lenin zwischen den Rabatten
auch nur ein König aus Preußen. Ich saß
hoch über Amsterdam, unten
die Straße in täglichem Aufruhr, Schiffsorgeln,
schaukelnde Straßenbahnen,
drei Polizisten in vollem Galopp
und sämtliche Fahrradfahrer der Welt,
die Knaben die Mädchen die Knaben
kutschierend, dazwischen, im Durcheinander,
dicht neben den Schienen erglänzte
ein goldener Ritter. Ich stand
vor dem Hauptbahnhof Dresden,
und drüben war Fußball, und Ouhh!
riefen die Sachsen verloren mal wieder.
Da sagte auch ich leise Ouhh,
denn ich gehörte zu ihnen,
samt diesen, meinen betrüblichen Hosen.
Und sitze in Sachsen und schau in den Schnee.

# Ausfahrt

Die halbe Nacht bist du gefahren,
quer durch das Land hierher,
in seiner Majestät nach Jahren
erstehn zu sehn das Meer.

Und gehst längs eines Felds umflirrt
von mohndurchschossnem Gelb,
da zwitschernd eine Lerche schwirrt,
als gälte es die Welt,

die scharfgeschnittnen Hügel an.
Und wirklich kommt zur Linken
das Meer bis an das Dorf heran
als krauses Kräuselblinken,

da sich über den Hügelrand
ein Riesengletscher schiebt,
und du dastehst und unverwandt
schaust: Daß es Wolken gibt.

Hals über Kopf losläufst und schreist,
nicht weißt, wohin dich wenden.
Das Meer, das links ein Zipfel war,
liegt nun an allen Enden,

und dehnt sich aus rings um dich her
unnahbar nah im Bogen,
und hinter ihm ist noch ein Meer
ergrauend aufgezogen.

Bis an den fernsten Himmelstrich
von Schiffen überwacht.
Und auf den Inseln drehen sich
die Fledermausohren der Macht.

Doch deine Augen halten fest,
daß dich, glanzübersonnt,
ein drittes Meer mitfahren läßt,
bis hintern Horizont.

# Begräbnis

Unter dem Uferabsturz
wirft sich das Meer auf den Sand,
während die Schwalben ein- und ausfahren,
endlose Geschosse des Sommers.

Was ich auch sehe, es ist nicht die Welt
mit ihren Drahtverhauen.
Sondern ein Meer, heimkehrend,
im Ausmaß von Horizonten,

an eine lehmgelbe Küste,
wo sich das Licht langsam häutet,
am Fuß windblättrigen Mohns,

hab ich begraben in meinem Kopf,
daß ich ein Grab hab in meinem Kopf,
verwildert von Schwalbenschatten.

# Vierzigstes Jahr

Wer geht, der geht. Das geht noch gut mit mir.
Sprach ich und ging mit schütter wirrem Haare
durch der Fontänen rauschendes Spalier,
gelassen in der Gnade meiner Jahre

die Straße lang, bis ich im Kaufhausfenster
umringt von Büchsen wen mit Bart und Bauch
sah, daß ich dachte: Seh ich schon Gespenster,
und höflich nickte. Doch er nickte auch.

Daß ich ihm, der da zuckte, wenn ich ruckte,
denn höflich hatte er noch stets, geschickt
machtlos im rechten Augenblick, genickt,
gradwegs ins feistzufriedne Antlitz spuckte.

Das Glas traf, mich umwandt, ging, wieder heiter,
doch der im Spiegel nickte immer weiter.

# Der Nachwuchsengel

Verankert im Büro sind meine Schwestern,
wo sie die Akten singend kehren
und bald dahin sind. Auf dem Fensterbrett
die schwache Spur von grauem Seufzerstaub.

Als Zahnradengel leben meine Brüder
ihr stark veröltes Leben im Metall,
nur hoffend, daß, wenn sie die Messer fräßen,
von ihnen noch ein kleiner Splitter Licht

abspränge mit den Spänen. Lieber Gott.
Wie reih ich mich in diese Schöpfung ein.
Wozu hab ich mein Abitur gemacht,
wenn ich vergehn soll wie ein Fingerschnippen.

Vor dir auf dem Tisch deine Hand.
Deine Hand aus Wasser,
deine Hand aus drei Tropfen Blut.
Daneben unverwandt
die Rose aus Plast. Abhanden
kommt deine Hand bald. Die Rose
wird in der Mülltonne landen.
Und gnadenlos fortblühn, unwandelbar
inmitten der Asche im siebenten Jahr,
und todstarr im Lackglanz von Plast.
Da trägt deine Hand die geringere Last.

## Unerwartetes Auftauchen

Da Schönheit hoch auf grünem Hügel sitzt
mit festem Hintern, krümmt sich in der Ferne
das Fädchen Wald. Heftiger blitzt
der See herauf, rascher kämmt Licht Luzerne.

Mich aber läßt Natur ganz außer acht.
Und selbst der Vöglein eiliges Pulsieren
rings in den Büschen ist allein entfacht,
um sich in ihrem Anschaun zu verlieren.

Denn Schönheit ruht in Schönheit in der Stille.
Was bleibt mir also, als daß ich kurzum
im Gras auftauch mit Bart und Nickelbrille,

sie zu zerstören und sie doch zu fassen,
und uns als kicherndes Kontinuum,
drüber und drunter, hangab rolln zu lassen.

Des Kreischens Brummbaß


Das Fest war ziemlich müde, komm
mach mich mal lustig, sagte sie
und küßte mich, mir fehlte fast die Zunge.
Da schlichen wir, sternkalt der Januar,
hinaus und eins hielt sich am andern
im Gehen fest. Mein Gott, sind wir denn Tiere,
dachte ich noch und lehnte sie ans Haus,
darin des Kreischens Brummbaß stetig klopfte.
Doch sie sprach los. Ich konnte kaum die Menge
der Schnüren, Bänder ihres Leibchens lösen,
doch als ich da war, war es da ganz warm,
daß wir momentlang flüsternd schwiegen
und nur des Kreischens Brummbaß weiterklopfte.
Mehr weiß ich nicht. Ich glaube, daß ein Mensch
auf finstrem Steig vorüberhastete.
Die Straßenbahn mit aufgesteckten Lichtern
rasselte plötzlich mitten durch uns durch,
daß heller Tag war in der dunklen Nacht,
und endlich auch des Kreischens Brummbaß schwieg.
So standen wir noch etwas beieinander,
eh sie erneut mit wem davonschlich, dem,
mach mich mal lustig, fast die Zunge fehlte.

# Siebenhundert Jahre Ehe

Stärker neigen die Platanen
sich dacheinwärts unterm Mond,
bröckelt von dem alten grauen
nachterfüllten Haus der Putz.

Ausgestreckt mit nackten Füßen
lieg ich auf dem Ehebett.

Während unten in den Kammern
überglänzter Blätterbüsche
silberliebes Flüstern atmet
und Gekicher wie von Spangen.

Kalkweiß färbt mein Bett der Mond.

Und die Nacht hat noch kein Ende,
denn der hohe dunkle Raum
ist erst halb mit Gift gefüllt.

Da du, schräggeneigten Köpfchens,
einen fremden Mann umschlingst,
der beruflich Ingenieur ist.

Tiefer neigen die Platanen
sich dacheinwärts unterm Mond,
und im Haus die Leuchtschriftuhren
fangen lauthals an zu ticken.

Siebenhundert Jahre Ehe.

Durch das Haar rinnt mir der Schweiß.

Doch die Nacht geht nie zu Ende,
denn im Umkreis rasselnder
Horizonte wird die Mutter
Erde endlos abgekocht.

Messerchen aus kleinen Seufzern,
untermischt mit Männerstimme.

Werdet kahl, ihr Blätterbüsche,
werft ab, daß der Garten scheppert,
eurer Silberlinge Laub.

Da du dich geschlängelt windest,
und der fremde Ingenieur
deines Leibes Fachkraft ist.

Siebenhundert Jahre Ehe.

Niemals mehr ist mir dein Mund
eine feuchte Züngelflamme,
knisternd atmendes Insekt.

Niemals mehr vermag ich deine
silberhellen Nadelbrüste
zu berühren wie der Fremde,
noch wird je von mir ein Kuß
deinen Leib hinab zur Sohle
und von dort ins Erdreich fahren,
daß dich an der Kopfhaut friert.

Siebenhundert Jahre Ehe.

Und ich weigre mich zu atmen,
ausgestreckt im Ehebett,
ratlos mein Geschlecht berührend.

Heller Streif am Horizont.

Eisentore öffnen sich,
und hindurchgehn Ingenieure,
Täschlein an den Handgelenken.

Da kommst du als Hauch ins Zimmer,
drängst dich neben mir an mich,
daß ich deinen Atem spüre
und den wundgeküßten Mund.

Aber auf dem hohen Laken
aufgebahrt im Morgenglanz,
siebenhundert Jahre Ehe,
ferne steht mein Glied von mir,
bin ich längst zur Strafe tot.

# Der Schutzengel

Da es endlich Abend wird,
Engelchen mich rings umschwirrt,
als Insekt sakraler Art,
flechte ich aus meinen Händen,
es zu schützen vor den Fallen
meiner fürchterlichen Krallen,
Atems Dickicht, Kinnes Bart,
ihm ein Dach mit schrägen Wänden,
sage leise: Komm.
Siehe, ich bin fromm.
Säßest du im Bethaus drin,
hätte Beten seinen Sinn.

# Der Dornbusch

Längs durch die Rieselfelder ging ein Weg
in Staub geschlagen und geschleift von Ketten.
Rechts wuchs Beton. Zur Linken surrten Drähte.
Die Wälder starben lautlos in der Ferne.
Doch an der Biegung hielt sich noch ein Wunder.
Ein Dornbusch war in Flammen aufgegangen
und rührte sich inwendig auf- und nieder,
ohne sich zu verzehren durch sich selbst.
Dies sehend sah ich daß ich weiterkam
und blieb doch stehn: »Herr, was erscheinst du mir,
der für dich nur ein müdes Lächeln hat?«
Der Dornbusch schwieg und brannte innen heller.
»Doch wenn du mir schon kommst mit der Methode
in wechselnder, dreifachgehörnter Flamme
zu lodern: Wo ist dein gelobtes Land?
Ja sind erst unsre Augen rauchzerfressen,
dann sehen wirs in seinem vollen Glanz. –
Verbrenn mich, daß ich spüre, daß ich lebe.«
Der Dornbusch schwieg und krümmte sich in eins.
Doch seine Flammen glitten von mir ab
und zogen sich um jedes Zweiglein fest
zusammen als ein Andrang von Rosetten,
die, Glut noch, rückwärts in das kühle Grün
der Blätter rosteten und braun verloschen;
viel häkchenzartes, dürres Abgegriesel.
Zwar bissen Dornen, doch das war kein Schmerz.
Mehlfäßchenfrüchte glänzten immerfort.

II

Das Schreckensbild

Das Tal war Dampf aus über dreißig Töpfen
und reich gestreut sein düsteres Gewöll.
Selbst aus der Ferne grüßte noch
das schüttre Fädchen eines Schlots
und hielt sich, eh es rührend schmal zerrann
und sicherlich mein Winken weiterreichte
zum nächsten Schlot, einsam auf grünem Feld,
und dies so fort, bis daß die Städte kämen
und Schlot um Schlot im Tagwerk des Gestanks.

So schritt ich aufwärts über eine Halde
aus toten Stiefeln, Büchsen, Regenschirmen,
und ab und an ein Kinderwagenwrack,
und hätte nie, daß je so viele Menschen
gelebt haben, geglaubt, für so viel Müll.
Und dabei war das Wort Müll völlig ratlos.
Den Hang herab Erbrochenes aus Plast.
Noch zwischen den Matratzen totes Haar.
Brände von Gummi. Oben der gewisse
aus einem Stück in Blei gefaßte Himmel.

Und doch nahm ich im Gehn mein Weiterschreiten
als kleines Beispiel, daß sich alles fände,
über die Kippe kommend, und ich stand.
Denn vor mir stieg, mein rundes Staunen füllend,
ein Chaos auf, ein wildgehäuftes Duften,
gleichviel vom Sog des aufgeschmolzenen Himmels
und Erdfeld angezogen: Schwerelos.
Und sonder Zwischenraum, indes doch Bienen

ins schneebedeckte Innere einflogen,
da sich das Weiß ins Weiß hob ohne Laut,
und oben aus dem Blütengletscher noch
ein Zweig aufragte, seltsam bittend,
daß ich nicht wissend wie noch was nun werden
soll einwärtslief, beständig hinter mir
das Schreckensbild des Kirschbaums, der da blüht.

Sommerfrische

Die Wiese, mitten im Löwenzahn,
blüht mühelos empor
bis zum Balkon. Durch das Licht
sickern die Sommergeräusche.

Abends vom Hügel der Widerschein
dumpfer Motoren. Aufschlag und Gepeitsch.
Oben das Dunkel von gläsernen grünen
Kapseln eilig durchzogen.

# Der Garteneinsatz

Eines Morgens mußten die Abgründe der Rosen überstäubt werden. Dennoch verstärkte sich ein gewisses Flimmern nicht nur auf dem Dach des Hauses, auf dem es noch als gewöhnliche Lichtzersplitterung gelten mochte, sondern auch der Apfelbaum schien von zahllosen Flügeln befallen, und in seinem Schatten, wo auf dem Tisch eine Taschenuhr lag, hielten sich winzige Schwerelosigkeiten zwischen ihrem Tick und ihrem Tack.

Freilich gelang es, die Uhr an die Kette zu legen. Folgsam trotteten die Minuten hinüber in den Nachmittag, der im Zeichen des Aufreißens und Abhauens bis hinüber zum Zaun stand. Nur zwischen den Messern der Maschine, die das Gras zum siebenten Mal köpfte, flirrten noch immer ganze Abteilungen unwägbarer Wesen hartnäckig auf- und nieder.

# Der Regenwurm

Meine Damen und Herren. Ich hab
den Blick des Regenwurms gesehn,
mit dem er nach unsren Erfolgen spähte.
Er krümmte sich zu meinen Füßen
und kaum unterscheidbar vom Kopf war sein Schwanz.
Doch während ich dies noch bedachte,
wandt er sich kummervoll ab
und schraubte sich unter die Erde. Ich schlug
lang hin und wühlte Büchsen Flaschen
aufwärts mich abwärts stand
grabtief, als jener winzige Wurm
auf mich herniedersah,
daß ich ihn schon durch mein Haupt gehn spürte,
bedächtigen Fußes. Ich riß
den zuckenden Kopf ab, der längliche Leib
ging hin her, ich wollte ans Licht.
Doch siehe, er trug ein erneutes Haupt,
das sprach, was verfolgst du mich,
bevor er von dannen ging,
alles, was einst gelebt hat,
umzuwandeln und das Gebaute
zu unterminieren, ein Schöpfer
erneuten Beginnens – und ich
frage Sie, meine Damen und Herren,
wo ist sein Denkmal hochaufgerichtet,
und wann kommt der Tag, da die Deutsche Post
sowie die Vollversammlung der Völker
seiner gebührend gedenken werden.

# Gartenkonzert

Durchs offene Fenster ein wenig Musik.
Ein ratloser Lauf das Klavier hoch.
Ein wartender Ton, Violinengezirp,
und schon lauscht das Fallrohr erschüttert,
platt, Schindel für Schindel, das Dach.
Ehe, allegro confusio, zerweht,
die Töne im Grün einer Linde ertrinken,
die hinten im Hof steht und dunkler,
Ende des Sommers, aufrauscht.
Doch alsdann ist der Violine
ein großes Leid dazwischengefahren,
und da sie sich singend darüber erhebt,
hat neben dem Fallrohr die Rose
mit einem Schlag ihre Blüte
über den Weg abgeschüttet,
und zentnerschwer auf den steinernen Platten
lasten die Blütenblätter.

Anrede

Schau, da stehst du, lieber Mond,
über den Dächerkanten,
als wärest du der liebe Mond.
Aber es rasseln die Bunker nachtweit.
Und wer da noch immer umhergeht
und seine Fäuste schüttelt
muß über sich auch nur lachen.
Denn seine Freunde sind fern
und die Gespräche versickert.
Weil, was zu tun wär, dachten wir wohl.
Aber was konnten wir – ja, lieber Mond,
auch eine alte Geschichte.
Am Bordstein die Autos, Schweiß auf den Blechen.
Und unten rauscht der Fluß so wild
in seiner Röhre aus Stein.
Aber ich gehe dennoch umher
und schüttle die Fäuste, und schlag sie
an meine, Mischmaschine
der Gefühle, Brust:
Tritt schwärzer aus dem Gulli, Fluß.
Wälz deines Schäumens Unrat auf.
Aber wen störte das noch.
Es haben die Schläfer den Schlaf ja verdient
in ihren geduldigen Betten.
Und du, Mond, bist auch nur ein Bild,
und stehst da und schaust mich an
mit einer Wolke am Herzen.

# Requiem

Ich halt mich noch schief, sprach die Mauer.
Ich lehn mich noch an dich, der Zaun.
Aber der Birnbaum war schon gefallen.
Betreten schlich der Weg ums Haus.

## Der Engel mit der Eisenbahnermütze

Er steht im Schnee, wo alle Züge enden.
Und zählt die Toten, die man, Stück für Stück,
an ihm vorüberträgt, von links nach rechts.

Doch schon bei sieben weiß er nicht mehr weiter.

Daß man die Toten, die von links nach rechts
an ihm vorbeigetragen worden waren,
erneut vorüberträgt, von rechts nach links.

Doch schon bei sieben weiß er nicht mehr weiter.

So zählt er immer noch am letzten Krieg,
obwohl der nächste schon gesichert ist,
und wieder Tote angeliefert werden.

Weltbild


Der Herrgottvater schaut aus goldnen Gründen
stetig herab auf Hügel, Haus und Kuh
und wackelt hin und her mit seinem Kopf,
der Zeit zu dienen als ein Perpendikel.

So sehen wirs auf schön gemalten Bildern.
Doch warum bleibt sein Kopf auf einmal stehn?
Weil unten winzig Hügel, Haus und Kuh
vor Feuer brennen. Liebe Kinder, lauft.

# Die Riesenengel


Am frühen Morgen waren die Vögel
soeben wahnsinnig geworden und sangen.
Der Apfelbaum hatte die Nacht
weit hinter sich gelassen und versprach
im ersten grünen Knospenregen
aus schwarzem Astholz, wirr und abgebrochen,
den Aufgang eines schräggeneigten
lichtweißen Meeres überm Gras.
Doch ich blieb stumm. Denn Schönheit war
nur Lüge, die uns sanft macht für das Ende.
Und heftiger füllten die Vögel
des Gartens Kahlheit mit des Zwitscherns Laub.
Doch hoch darüber, in einem Schacht
von dünner, durchsichtiger Bläue,
sah ich in stark verkürzter Perspektive
in weißen Lichtgewändern dicht an dicht
in einer Reihe siebzehn Seraphim,
die, hebend über mich ihr Angesicht,
das Tremolo der Vögel in der Tiefe
als Grundbaß nutzend, ihrer Stimmen
Auf-Nieder mühelos verflochten,
und so fortwährend Herrlich Herrlich sangen,
daß es mich graute: Ja, ihr Himmelsvögel,
die ihr gleich Kränen aufragt durch das All.
Schönheit, die ohne Anfang war,
wird nie vergehn. Nur nähert sich ein weißer
Lichtpunkt von ferne, werft euch lieber hin,
der Länge lang, schrie ich, der Baum erblühte
und Blütenblätter schneiten in mein Hirn.

Dicht am Fenster, in dem hölzernen Kasten,
der lang gewartet hatte unterm Häubchen Schnee,
rumorten eines lichten Morgens Stare
durchs Flugloch aus und ein und pfiffen
auf ihre alte, regnerische Weise,
warn also doch noch diese Nacht
über der Länder Lichternetze Schlaf
hinweg hierhergezogen und wir hatten
auch diesen Winter überlebt,
obwohl die Stare auf dem Dachrand oft
sonderbar mit den Hälsen ruckten,
doch gegen Husten wurden Schals aus Wolle
wärmstens empfohlen, und wenn die nicht halfen,
half die bewährte immergrüne Salbe,
da war ich sicher, wenn nur nicht die Brut
schlimmeres Leiden quälte, hüstelten
doch schon die Eier siebenfach im Kasten.

DA ICH DEN MITTAG VERSCHLIEF,
draußen vorm Fenster ein Kind, eine Frau –
Hats Fluchzeuch Bomben? fragte das Kind.
I-wo.
Wirft es die Bomben uns auf den Kopp?
E-nee.
Sind wir dann dot?
E-scha –
Wandt ich im Schlaf mich um, beinah heiter,
weil nichts uns geschehen konnte.
Iwo. Enee. Escha.

Eines Tags sind unsre Nasen
staunend emporgerichtet,
da wir noch immer leben
und unsre Kinder auch.
Denn in den Vorgärten ist ein Geschrei
verwilderter Blumen über den Zaun,
und über der alten Zeit
gehen die Kindeskinder,
winkend, auf gläsernen Wegen,
unter den Lichtwasserfällen.

# Bäumegetrappel

Als ich über Goppeln einwärtskam, lief
dauernd ein Chausseebaum hinter mir her,
und als ich mich umwandt, warn es schon viele
und rannten in Reihe schrägnachvorngebeugt
mit wippenden Ästen hinter mir her.
Irgendwas stimmte nicht. Unten die Stadt
war still, als schrien Sirenen. Vom Gaswerk
hob sich der Deckel und stand in der Luft.
Und drüben aus den Hochhäusern winzig
winkten noch Leute. Ich schrie,
mir nach, und lief, Bäumegetrappel,
hinter mir her, durch die Vorstadt hinunter
zur Villa, in der das Rote Kreuz wohnte.
Hier wartet, sprach ich zu den Bäumen im Hof.
Aber das Rote Kreuz war schon tot
und hatte sich noch mit blutnaß
von den Stühlen hängenden Binden umwickelt. –
Bloß fort hier. Doch draußen am Wäschepfahl stand
ein Pflaumenbäumchen und blökte erbärmlich,
so daß ich es losband und an seiner Leine
das bockende Bäumchen hinter mir her
zerrend, rief: Auf nach Berlin.
Aber du brennst ja, sagten die Bäume.
Ach laßt, sagte ich, das macht nichts.

Der Engel der Beharrlichkeit


In die schnurgeraden Straßen
stoßen Autos weltweit vor.

Aber auf dem Dach ein kleiner
Engel bietet Leitern feil,

und sein Rufen ist noch schmaler
als das Kicherwörtlein Glück.

Himmelsleitern, lichtgeknüpfte!

Schindeln schindeln vor sich hin.

Schornsteinfeger haben längst
ihren Rußberuf gewechselt.

Nur ein Langohr-Horchsystem
hat des Engels Ruf vernommen.

Himmelsleitern, lichtgeknüpfte!

Hinter Rechteckfenstern beugen
sich bebrillte Ingenieure
über eine Lochmaschine,
rasch noch vor dem Mittagessen
ein paar Engel abzuheften,
daß sie aktenkundig werden.

Aber auf dem Dach ein kleiner
Engel bietet Leitern feil,

und sein Rufen ist noch schmaler
als das Jammerwörtlein Ach.

Himmelsleitern, lichtgeknüpfte!

Schornstein will bloß was zu rauchen.

Siebenhundertfünfzig Tauben
sind versorgt mit Flügelschlägen.

Nur ein Nasen-Riechsystem
hat des Engels Ruf gerochen.

Himmelsleitern, lichtgeknüpfte!

Ratten hängen von den Dächern
lässig ihren langen Schwanz
in den ersten Widerschein
violetter Leuchtreklamen.

Nur ein Finger-Tastsystem
hat des Engels Ruf begriffen.

Aber alle die Systeme,
lauschend, schnuppernd, fingernd, stoßen
nur an allen Ecken immer
noch auf alle die Systeme
und verknäuln sich ineinander.

Während auf dem Dach der kleine
Engel seine Himmelsleitern,
welche lichtgeknüpft sind, einrollt,
morgen, wegen der geschätzten
Kundschaft, zeitig aufzustehn;
ganz bestimmt kommt wer und kauft.

III

# Die Erleuchtung

Ein Baßton wie Orgelgebrumm
bekehrte den Straßenverkehr.
Und über der städtischen Glocke aus Dunst
stand eine unwandelbare, erlösende Musik
und füllte den Äther aus,
den eben ein Flugzeug durchquerte,
das eine Wolke war,
die weiter und weiter zog.

Da erkannten wir den Himmel
samt seiner beweglichen Teile.
Und einer unter uns warf seinen Hut
vor aller Augen aus,
daß vor aller Augen der Hut
kleiner und kleiner wurde,
bis er sich, zerschmelzend, samt Krempe
der unerforschlichen Bläue verschrieb.

Da stand die Sonne im Mittag
vorübergehend still,
und vor aller Augen nahm einer von uns
seinen Dienstausweis
und legte ihn feierlich nieder
und trat, mit zögerndem Staunen,
als wäre sie festes, die Luft
und stieg auf der Treppe aus Luft
über die Dächer hinaus,

daß unten ein massenhaftes Lastablegen begann
und viele ihm folgten. Die Liebenden aber,
nackt wie die Schwalben, entkamen von selbst.

Indes in der Tiefe ein Rumpeln auftrat,
und sämtliche Straßenbahnen
aus ihren Hallen stürmten
und schrägaufwärts fuhren mit Hänger,
ehe sie, über den Türmen der Stadt,
anhielten, an luftigen Haltestellen,
denn selbst auf den Trittbrettern fuhr man noch mit
und pflückte sich oben im Licht
Himmelschlüssel. Nur ich

suchte, die Hände am Dachrand verkrallt,
noch immer die Plankommission.
Aber die Plankommission war irgendwohin zerbröckelt
und ihre leeren Jacketts flatterten umher
und riefen: Heilig, heilig, da uns
der tiefinnen leuchtende Abend erhöhte,
und wir, die Gesichter aufwärts gewandt,
getrost zu den Sternen aufstiegen.

# Ostern

Am Ostermorgen stand ich auf,
halleluja, und trank einen Schluck.
Da hüpfte im Fenster die Sonne
über den Dächern dreimal.

Dann lenkte ich aufs Klo die Schritte,
und meines Leibes goldene Wasser,
halleluja, sprangen ins Becken
und sangen dreistrählig im Strahl.

So kam ich ins Zimmer der Liebe zurück,
daß meine zerzauste Freundin erwachte,
geblendet vom Licht meines strähnigen Haars,
und dreimal aufhüpfte, halleluja.

## Der künstlerische Engel

Er saß in einem schwarzen Loch und sang.
Bis ihn der Ausdruck höchster Bangigkeit
durch ein System von siebzehn Dissonanzen

zum Thron des Herrgottvaters steigen ließ.

Da hebt ers Antlitz andachtsvoll empor
und fängt erneut zu psalmodieren an,
nach Art von Katzen, die um Liebe bitten.

Apostel greifen stumm nach Ohropax.

Doch Gott, verwundert über Gottes Güte,
holt aus des Sintflutlodenmantels Taschen
für seinen Diener einen sauren Drops.

Der, statt zu lutschen, singt zum Dank von vorn.

## An meines Haufens Lehm


Welch eine Finsternis muß in meinem Leib sein, daß
	du
aus mir hervortrittst und nun, für eine kleine Zeit
unter mir, rauchend und still, liegst, gehäuften
	Vorwurf im Blick.
Aber ich will dich nicht wissen und rufe, an
	rostiger Kette
reißend, von oben die Wasser, auf daß sie,
	aufrauschend, dich
mir aus den Augen nehmen und strudeln zur Erde
	hinab.
Ehe ich wieder umhergeh und lächle, als wär ich
	aus Licht.
Aber auch du gehst umher auf deinem längeren Weg
durch des Gedärms Labyrinthe und kommst, eh ich
	ankomme, an,
so daß ich seltsam gestelzt geh und deinen
	gemiedenen Namen
fortwährend murmelnd, mich dennoch, ob sich meine
	Nase auch rümpft,
denn du bist ruchbar geworden, am Ende dir
	zuneigen muß,
bräunliche, dich zu begreifen. Denn Niedriges gibt
	es nicht.
Hymnisch ist alles, was west, da selbst dein
	prophetischer Bruder
sich, auswärtsfahrend, des Basses der höheren
	Künste bedient.

# An die Zahnbürste

Wer hat dich so zugerichtet, Mundbesen. Welch
 ein Orkan,
widerborstig, die Borsten nach allen Seiten gesträubt?
Wer dich bekäut an den Rändern, was für ein
 entsetzlicher Käuer?
Ich wars. Denn täglich hast du mir, und kennst
 meines Mundes Geheimnis,
mich von des brüllenden Ochsen Fäserchen zu befrein,
zwischen den Klüften ein kleines, purpurnes Meer
 aufgerührt,
eh ich aufs neue davonging, der Menschheit die
 Zähne zu zeigen,
duftende Küsse verbergend im wieder erfreulichen
 Mund.
Aber auch ich werde alt. Schon bröckelt die Zahl
 meiner Zähne.
Fäulnis verfinstert mein Lächeln. Doch einst, wenn
 einstürzt mein Mund,
sollst du nicht fremd unter fremden Bürsten der
 Nachwelt verbleiben,
sondern, in schalldichter Erde, schlafen mit mir
 meinen Schlaf,
da deine borstige Seele schräg durch die
 stockdunkle Nacht
über die Häupter der Menschen und tagenden
 Ärztekongresse
auffährt, hochoben zu leuchten eine hygienische Welt.

Einmal hab ich gelacht.
Ich saß unterm Uferabsturz.
Und auch das Meer hat gelacht
über die unvergänglichen Staaten.
Das gab ein Gelächter am Strand.

# Der Kicherengel

An langen Bärten hängen die Propheten
und klopfen mit dem linken Fuß im Takt
flammenden Auges düstre Abzählverse
vor sich hinmurmelnd: Eeene, meene, mink.

Doch statt zu schluchzen muß der Engel kichern.

Daß es den Onkels das Kontinuum
der Menetekel durcheinandermüllert,
und sie auf einmal selber nicht mehr wissen,
was kommen wird. Mink, meene oder eh?

Als ändere ein Kichern schon die Welt.

# Staatsbesuch

Beständig Embleme verkörpern.
Und mit Jacketts und Krawatten
den Fortgang des Fortschritts befördern.
Aber wer weiß schon wohin.
Und wie die Geschichte ausgeht.
Daher dieses Händeschütteln
und diese feuchte Methode
einander beim Abschied zu küssen.

# Der Milchkrug

Der Milchkrug war gepunktet
wie das über mich gebeugte
Gesicht der Kindergärtnerin,
in die ich vermutlich verliebt war.

Oder wie abends über dem Haus
der Himmel sternüberschüttet,
als ich, dreikäsehoch, dachte,
Vater bleibt klein. Ich werd groß.

Nicht, daß ich nun auch schon meine,
daß wir nicht gefragt werden brauchten, was sei.
Aber es wär schon ganz gut,
wenn sie uns leben ließen.

Der Pflastermann


Abends, als der Abend kam,
war die ganze Stadt gestorben.

Doch vom Dach schrie eine Amsel
und ein letzter, kleiner Mann
schritt noch aufrecht übers Pflaster,
eh er, sich im riesigen
Abend rasch verwinzigend,
beinahe von selbst in ihres
kühlen Zwitscherns Kehle paßte.

Da erhob der Mann sein Haupt
und tat auf des Mundes Loch.

Köpfe fuhren aus den Fenstern,
sahen einen kleinen Mann
im Geschmetter einer Amsel
unentwegt die Arme schwenken,
als sie fast von selbst in seines
heisren Bellens Rachen paßten
und sich manchem ein durchaus
leidbestimmter Laut entrang.

Seufzer Menge war Gesang.

Boten fuhren durch die Städte
grölend auf den Motorrädern
bis sogar die Hauptstadt sang,
und die Mützen, die im Dienst warn,

sich rasch ihre Münder stopften,
aber auch aus ihren Kehlen
drangen unbestimmte Laute,
und selbst die in den verdünnten
Wäldern längst verschwundnen Jäger
bliesen in das Abendhorn

Nachbarländer spitzten Ohren,
röhrten los auf ihre Weise,
und der Männer tiefes Brummeln
ergänzte der Weiber hoch-
musikalisches Gegell,
bis sich bebend aller Länder
Zwerchfelle vereinigten
und die allerletzten Jodler
auch einmal verstanden fühlten,
denn die ganze Menschheit paßte
fast von selber in der Menschheit
hymnisch aufgetanen Mund.

Noch am Nordpol unterm Eis
sang ein Maat durchs Telefon.

Denn der kleine Pflastermann
stand noch immer auf dem Pflaster
in der tiefsten Dunkelheit,
eh er seinen Mund zuklappte,
war das Schlimmste doch für heute
wohl verhütet. Gute Nacht.

# Rumpelstilzchen

Ja, ich humpel noch durchs Dunkel,
geht auch jeder hopps, nanu,
hinterm Buschwerk ein Gemunkel,
gleich in die Statistik ein.
Ja, ich hebe noch mein Bein
bei des Feuers Flackerschein,
tanzen mir auch meine Schuh,
da ich tanz, ich tanz, zertanzt,
Hilfe, selbst mein Hemd verwanzt,
schon auf die Strichlisten zu.
Ja, ich lenk noch meine Schritte,
ist auch selbst mein Name, bitte,
nur nicht nennen, mir zum Kummer,
siebzehnstellig, eine Nummer,
Fußgeschlenker, rings im Kreis,
statt daß ich mich in der Mitte
selber pack und, zack, zerreiß,
weil Statistik alles weiß,
weiß sie doch, starrt auch durchs Dunkel
Finsterhut an Finsterhut,
niemals, daß ich, o wie gut,
weiß, daß sie weiß, Doppelhumpel,
daß ich weiß, daß sie weiß, Rumpel.

## Die Dienstreisenden

Immer schon auf dem Bahnhof
mit der Methode, noch rasch
eine Wurst, unter heftigem
Nasengeruck, zu verzehren,

ehe sie aufwärtsfahren,
um in der Hauptstadt gewaltig
im Namen des Fortschritts zu nicken
mit blasser, ädriger Stirn –

heißen sie allesamt Knox.
Aber auch ich heiße Knox
mit meiner vereinnahmten Nase
und meinem gestorbenen Zahn,

und sitze an meinem Schreibtisch
und nicke bei jedem Wort,
denn wir sind alle zusammengefaßt
in einem System von Semmelgesichtern –

Und doch birgt sich jeder, allein
inmitten der fauchenden Nacht,
in sich, seinen bitteren Namen,
schnaufend im Schlaf, zu vergessen.

# Der Aufsteigende

Die Elbe war ein Fluß bei Heidenau
und eingefaßt in graue Ufersteine.
Aus einem Halbrund strömte gelber Schaum
und weiter draußen, aus Geheimgeysiren,
vom Grund auf blasiges Geblubber,
daß weißliche Scholln abwärtstrudelten
und sich doch in der Mitte sonderbar
ein blasses Büschel regte, wie es gern
der Fluß in Richtung seines Fließens
zu strähnen pflegt. Wars Gras, wars Menschenhaar?
Was wußte ich. Ich ging hier nur spazieren
und wandt mich ab als ich erneut hinschaute
stieg langsam aus der Flut ein fahles
und stark bebrilltes Angesicht empor
und sah mit strengem Blick zu mir herüber,
so daß Entsetzen meine Schritte lähmte,
indes das Wesen sich noch weiter
des Stroms enthob und so fast bis zur Hüfte,
umkocht von schwefligem Gedämpf, vorragte,
daß ich sein gutgeschnittenes Jackett,
das weiße Hemd und den korrekten Binder
deutlich erkannte. Eine Stimme sprach:
Dies ist des Fortschritts erster Sekretär.
Nach diesen Worten sank er wieder tiefer,
nicht ohne daß sein Mund vorm Untertauchen
genüßlich gelbe Molke in sich sog.
Das Wasser aber schwoll: O Jugendfreund,
tritt nur herab. Dies ist auch deine Scheiße.
Doch unbesorgt, wir haben sie im Griff,

und gerne zeigen dir die Aggregate
des Fortschritts sieben Töchter unterm Schlamm,
sprachs Gurgeln noch, eh es sich selbst verschluckte.
Zaubrisch umtanzten Flädchen meine Schuh.
Im Uferweidenschlammwerk schaukelte
vom Vorjahr eine tote Aktentasche.

## Der Molch

Wenn er die Treppe heraufkommt
auf seinen rasselnden Walzen,
öffne, öffne die Tür.

Gern trinkt er Mokka aus winzigen Tassen.

Aber erwähne niemals
seinen Vorfahren, den Großmolch.
Sage, wir leben jetzt alle
in viel bescheidnerem Rahmen.

Auch hüte dich vor dem Anblick
seiner blaßgelben Unterseite,
daß nichts dich an dein Dasein
aus Kopf und Knochen erinnert.

Schau ihm ins Auge. Das ist aus Glas.

Und nicke, wenn er sagt, wir könnten
nichts anderes tun, als unsere Walzen
täglich besser zu ölen.

# Ausschau nach dem großen Specht

Als wir noch einmal Ausschau hielten
nach dem großen Specht,
der uns versprochen war seit undenklichen Zeiten,
kam er mit dem Nachmittagszug,
und keiner hatte je auf dem Bahnhof
so einen rüstigen Vogel so würdig einhergehn gesehn
in seines Gefieders Glanz, Regen
aus Perlen geschüttelt.
Aber der Großspecht nickte nur flüchtig,
trat auf den Festplatz hinaus
und zog aus der Aktentasche kundigen Schnabels
    Girlanden
von Gräsern und Blättern auf.
Aber schon spielte die Barschmusik harsch,
und wir traten an zur Erklärung des Frühlings
aus den Statuten von Hagel und Geknirsch,
so daß auch der Großspecht antrat,
den Kopf mit der Krone aus Lattich
erwartungsvoll schräggeneigt.
Doch wo auch der Großspecht antrat in der Reihe,
stand seines grünenden Fußes vorwachsender Zeh
    immer über,
und die erprobte Begeisterung störte
sein gickerndes Kollern mit Überschnappschluß.
Aber schon fiel aus den Lautsprechern Schnee
vom vergangenen Jahr
dichter und dichter, und im Gestöber
wankte der Specht umher mit großen, tragischen
    Augen

und rannte gescheucht auf und nieder,
denn wir bewegten die Knie im Sinne von Symmetrie.
Doch unter seines Schnabels Gehämmer
und dem Fußgeruck seiner Verzweiflung
sproßten in Tupfern die winzigen Tüten
verehrungswürdiger Krokusse auf
und fiepten empor aus den Ritzen der Erde,
daß wir rückwärts wichen und ratlos die Stelle Marsch
    traten.
Aber der hohe Specht tat seine Flügel auf,
auf denen in goldenen Farben das Bild eines Gartens
    war,
mit runden Bäumen äpfelbestickt
und einem Wasserfaß,
daneben ein Leopard saß und über das Leben
    nachdachte.
Da folgten wir endlich dem hymnischen Specht
in einen feierlichen, hyazinthenen Kreis
und in endlose Achten und Bögen
der Schönheit, mit Zwischengehupf
und dem Chaos vervielfachter Füße, geschlenkert,
und stolzierten gickernd umher und klapperten
    geschnäbelt
die chlorophyllische Zeit,
daß selbst den Gefährten von Hagel und Geknirsch
die staatlichen Hosen zu grünen begannen
im Originaltorkeltaumelspringtanz.
Aber Sankt Großspecht trat lächelnd beiseite,
nahm seine duftende Aktentasche
und fuhr mit dem Nachtzug hinaus in die Welt.

IV

# Der Wald

Ich saß auf einem Stumpf in der Natur.
Engelsgras klirrte hin und her im Schauern
von irgendwelchen Flügeln, die mich wohl
ein wenig streiften, daß ich sprach: Ach Wald.
Denn rechts vom Kahlschlag standen ein paar Fichten,
bis auf die Knochen dürr, doch an den Spitzen
lebendig grün. Und unterhalb die Schwestern,
hockende Häuflein, tüpfelten den Hang
und füllten bald das Tal und drängelten
einander schubsend aufwärts bis zum Fuß
des Stamm bei Stamm, im letzten, schrägen Licht
mit Ästen, dichtbepelzt und abwärtskurvend,
inwendig golden aufgerührten Walds.
Darüber andrer Wald stand, reglos nickend,
den Wald- um Waldwand wortlos überragte.
Und dies so fort. Doch das war erst der Anfang.
Denn hinter Nebeln wie von Anbeginn
kopfüber zwischen all den Zapfenschüttlern,
zog eine ferne Wipfelkette
über die Tiefen abgelegner Täler
mühelos hin. Die zartfiedrigen Spitzen
teils ganz gerade dicht an dicht gereiht,
teils sich ein wenig zueinanderneigend
oder gebeutelt, der kreuz und der quer,
als allgemeines Wipfeldurcheinander.
So schon verschmelzend mit der Dämmerung,
doch weitersteigend, da ich ging, zu kurz
schien mir mein Leben, rasch vorüber
an einer Quelle, die ein Rohr bald schluckte,

und mit dem Zug fuhr, mitten durch die Nacht,
durch Städte fauchend unterm Abgeblasen,
verstreute Lichter, tausendfachen Schlaf.
Doch als ich morgens ankam zwischen Häusern,
hatte der Wald, im Schneckengang die Frühe
rändernd, den höchsten Punkt erreicht und stand
donnernd im Licht als riesenhafter Berg.
So blieb sein Bild mir noch für ein paar Jahre.
Daß alles Schaun nur Abschied war.
Ich saß in der Natur auf einem Stumpf.

IN WIRRER NACHT, unter vielfachen Zweigen.
Wir sprachen, wie die Welt zu retten sei,
und unsre Rede tropfte durch das Dunkel,
als da Geschnauf war, längs des Weges näher
ein rundes, graues Tier schritt. Innehielt
und auf vorn klüglich zugespitzte Weise
zu uns heraufsah. Das ist die Natur,
sprach ich, du botst ihm etwas Wein,
jedoch das Wesen wandt sich ab
und schritt wie es gekommen war
davon auf unsichtbaren Füßen.
Da saßen wir mit unsren Doppelhirnen
und ringsum tropfte Dunkel durch die Zweige,
Blick eines Igels Schlurfen durch das Laub.

Spät

Da auch die Schwäne ihr Schlagwerk beenden –
Glatt liegt das Wasser, ein Schlaf.

Zum anderen Ufer reichen die Schatten
der Bäume, regloses Dunkel, geschnitten

in regloses Dunkel. Ein Stern
geht auf den Grund und verzittert.

Schlaf ich. Schon sickert der See
ins Nachtlaub. Schon sinken die Zweige,

taumelt Schwarzfedernes schräg über mich.
Wer wird mich wecken. Wer ruft mich. Ich bleibe.

KAUM DASS ICH IN DEN HOF TRAT – elf Katzen
wandten die Köpfe und schauten mich an,
ein Huhn hob seine Füße auf
und stackerte grußlos vorüber –
hob hinterm Haus der Birnbaum
über das Dach einen blühenden Ast.
Aber ich hatte ja selbst nicht gewußt,
daß ich solange lebte als Mensch.
Denn immer noch schauten die Katzen mich an,
das gravitätische Huhn
schritt eben zum Schuppen hinüber,
und über das Dach stieg, ein Gletscher,
der Birnbaum, aus Lautlosigkeit,
und jeder Augenblick seiner Äste
war eine Winzigkeit endlos
unter der Tonnenlast riesigen Blühns.

IM DURCHZUG EINES SEGELS
in einer Lücke im Ufergesträuch,
von links nach rechts, im Augenblick
zwischen Müde- und Wachsein, noch immer
kurven die Motorradfahrer
vorbei an den Mädchen verwirrn sich
die Rufe der Kinder hoch über mir
schwebt ein geworfener Ball,
länger als der Nachmittag währt,
während das Segel langsam
davonzieht ins Ufergesträuch.

## Älter werden

Als du den Weg herabkamst,
traten zwei Sträucher, blutrot,
über den Weg auf dich zu.
Aber du gingst mittendurch.
Blasser werden die Herbste
mit jedem Jahr. Aus deinen Augen
dreht sich der Ahorn, umwirbelt
von Wahnsinnsblättern, im Tanz.

# Hosterwitz

Pfingstsonntag. In der weißgoldenen Kirche
Maria am Wasser. Die Christengemeinde
tut ihren Mund auf und singt.
Und draußen im Licht die Blumen
schwanken flirrend auf und nieder.
Aber durchs Fenster, zerbrochen, o Kummer,
flattert ein Schwälblein herein,
daß sich die Gesichter, noch singt man, geh aus
mein Herz, ungläubig aufheben, denn das
ist ja, ein zweites, ein drittes, die Höhe,
spitzig geflügelt, ein ganzes Geschwader
im Rund- und im Sturzflug, Gekreisch,
und hockt sich in Reihe auf frommste Gerätschaft
und schnäbelt, und putzt sich, Flämmlein an
    Flämmlein,
der Predigt zu lauschen, freut euch im Herrn,
spricht der Herr Pfarrer und ist doch verunziert
von weißlichem Abwurf, fürchtet euch nicht,
schreien die Schwalben und stieben erneut auf,
da der Herr Organist, je nun, man muß
seinen Dienst tun, selbst bei diesem Gezwitscher,
auf seine Orgel einschlägt, Arabesken,
sich kreuzende Linien und strackses Geschwirr,
und draußen schwanken die Blumen
flirrend im Licht auf und nieder,
liegen die Knochen der Toten ganz still,
dicht an der steilabfallenden Mauer,
ziehn hin die Wiesen, der Fluß

unter dem donnernden Orgeltonbogen,
denn das ist der Schlußgesang, und die Gemeinde
macht ihren Mund zu, Pfingstgeistgebrumm.

# Moritzburg

Ruft doch das Schloß aus allen fünf Türmen
die dunkleren Wälder, die längst aufgefahren
sind, und der Bläue verschrieben.
Stehen doch, über den Weg ihre Blitze
werfend, die Eichen, vom Donner gerührt,
über und über im Blättergekitzel.

Und auch der See winzig daß ich nicht lache,
weit von aufflatternden Enten geschrien,
wechselt sein Silber den lieben
langen Tag lang im Laubwerk der Erlen.

Während die Wiese zur Wiese
spricht, stehe fetter im Gras,
und aus ihrem Grund einen Himmel
von Hundeblumen vorstampft,
über den Hügel hinunter
von Koppel zu Koppel zum Wald.
Da birgt jede Strecke anderen Grüns
eines anderen Vogels plötzliches Antwortgeschmetter.

Da liegt selbst der Kleinbeton rührend am Hang
versteckt unter Kirschbaumfontänen.
Und noch birgt das Wäldchen den Schutt.
Und über den Jeep, abwärtsschaukelnd den Weg,
wirft sich eine Weißdornhecke.

Freilich, aus der Ferne kommen die Eisenmasten,
summenden Schritts. Doch verflimmernd,
unter dem Ansturm des Lichts,
halten die Drähtezieher, und heben die Arme auf,
ein, drehn ab und trotten summenden Schritts über
    Land.

So, wenn ich jetzt sieben Jahre noch hätte,
zählte der Kuckuck sich Jahr für Jahr tot.
Zögen die Wolken für immer
groß auf, als ob sie das Meer gesehn hätten,
über dem Hügel, dem Wasser, dem Wald.

# Der Mensch

Er sitze auf der Bank vor seiner Laube,
den Regenbogen häuptlings hingestellt.
Mit Laub und Äpfeln rings bestückt die Bäume,
Gänseblümchengezwitscher tief im Gras.

Indes der Wurm des umgebrochnen Beetes
den Kopf erhebt und stumm herüberblickt.
Sich fragend, ob der Mensch denn ewig lebe.
Silberne Tropfen falln ins Wasserfaß.

## Das Kamel

Es wandert das Kamel quer durch die Steppen,
die Last der Welt ein Stück voranzuschleppen,

und hockt sich hintern Hügel hin und rastet,
da Dunkelheit auf seinem Höcker lastet,

bevor es weiterwandert in die Ferne
im Wechselschein der Monde und der Sterne,

im Morgenaufgang und im Mittagsglanz
mit nacktem Knie und kargem Quastenschwanz,

bis daß es eines Tages sonder Rast
für immer vortritt unter seiner Last,

worauf man sagt: Es blieb am Wegrand liegen,
den Mund im Sand, das Auge schwarz von Fliegen,

was auch nur heißt: Es wandert unverwandt,
nur noch ein dunkler Punkt am Himmelsrand,

der seinerseits beständig kleiner wird
und schon fast ganz im Wüstensand verflirrt,

indem vor ihm im Immerweitergehn
die längst versprochnen Nadelöhre stehn,

blitzend im Licht und derart riesengroß,
daß es hindurchgeht, stracks und mühelos,

und wieder größer wird mit jedem Schritt,
mit dem es in das Paradies eintritt,

wo unter Bäumen Lamm und Löwe harrn
und dem Kamel scheel auf die Höcker starrn,

daß es vor Scham glasklare Tränen weint,
bis endlich der Herr Jesus Christ erscheint,

der legt ihm segnend seine Hände drein
und ebnet endlich beide Höcker ein.

Das Auto

Ich fuhr grad um der Wüste linke Ecke,
als ich im endlos aufgewälzten,
fern noch als Licht herabregnenden Sand,
die Pyramiden sah. Riesige Todesschachteln,
daß selbst die Wüste noch ein Schauer streifte
und ich in Anbetracht der Dauer
der Erdzeit meinen Motor stoppte,
und so für eine Stunde des Jahrtausends
im Schweiße meines Angesichts verharrte,
bis ich als Zeichen noch Vorhandenseins
die Hupe drückte, klägliches Geblök,
das rasch der Sand verschluckte, doch beim dritten
Ton taten sich am Fuß der Pyramiden
in großer Anzahl Rechtecktüren auf,
und vortraten die Könige der Erde,
in ihrer Würde schwarzes Gold gewickelt,
und alles Volk, in weißen Festgewändern,
in solcher Menge, daß die Wüste kochte.
Und schritten um mich her im Wackelschritt
älterer Zeiten, eh sie innehielten
und durch die Ebene ihr Oh erscholl.
Da wußte ich, sie fragten: Was ist das.
Das ist ein Auto, sagte ich bescheiden
die Hand aufs Kühlerblech gelegt.
Und ihrer Leiber Menge rauschte
auf wie Papyrus, denn sie sahn den Chrom.
Das Auto ist des Fortschritts Hauptgestalt –
vier Gänge vorwärts, einer geht zurück –
und fährt vom Öl herabgesunkner Leiber,

erklärte ich und warf den Motor an,
daß heulendes Klackern die Ebne füllte,
zurückgeworfen von der Majestät
der Pyramiden. Doch die Toten wandten
sich einfach ab und schlurften rasch zurück
in ihre Löcher. Nur ein Mädchen blieb
und sah mich an mit großbewimperten
ägyptischen Augen. Da trat ich hinzu,
um es nach Art der Männer zu berühren.
Da war es schon ein Häuflein mir zu Füßen,
und ich stand da und, ach, das Auto blitzte,
aus meinen Ohren rieselte der Sand.

## Das Holz der Rede

Ich komme gleich. Ich ging nur mal hinunter
längs des sich selbst noch durch den sterbenden
Garten geschlängelt fortschleichenden Wegs,
als da der Apfelbaum im frühen Licht
zwar noch an seiner alten Stelle stand,
doch seltsam schief, ein schwarzes Bild des Todes,
und sich, als ich hinzutrat: Halte aus,
langsam vornüber neigte übers Gras
und seinen Stamm auf meine Schulter legte,
daß ich fast umsank unter seiner Last
und bei mir sprach: So ist die Welt.
Der eine fährt Auto und wundert sich nicht,
der andere stützt einen Baum,
während im Nachbargarten
die apokalyptische Säge schon schreit.
Doch jemand muß hier noch die Arbeit machen
und fröhlich sein. Das ist mein Teil.
Denn besser, gerad noch gerade zu stehn,
als gleich begraben zu sein unterm Stamm,
dachte ich in meiner aufrechten Art,
und Regen rann durch meine Hosenbeine,
wenn mich nicht Sonne dankbar dampfen ließ,
ehe du wieder Abendessen riefst
und Dunkelheit auf meinen Schultern ruhte.
So hielt der Baum mich, da ich ihn noch stützte,
und stützte mich, indem ich ihn noch hielt,
und eines Morgens spürte ich im Nacken
ein kitzliges Geschläuf von Fädchen, Spitzen.
Die Staude grünte noch. Und ich, umzwitschert,

inmitten einer Wolke kleiner Knospen,
die, weiß, ein rötliches Geschipper lupfte,
glaubte zu schweben unter meiner Last,
so daß ich, als erneut dein Licht vom Haus
herüberschimmerte und sich dein Warten
verhundertfachte oben in den Zweigen,
im Schnee der Blüten schwarz verdämmernd
unter der Sterne vielfach weißrem Schnee,
auch noch das All auf meinem Rücken trug,
und nun wohl einschlief, und im Holz der Rede
vor mich hinknarrte: Ja, ich komme gleich.

## Rettender Engel

Er ist der kleinste unter allen Engeln
und selbst sein Singen ist nur wie ein Strich.

Doch im Fach Demut hat er eine Fünf.

Fliegt mit den Bienen emsig auf und nieder,
wenn Glockenläuten streng durch Äste schneit.

Und davon wird sein Kleid kirschblütenweiß.

Und leuchtet vor auf seinem langen Weg
durchs Labyrinth der finsteren Systeme,

die sich, von soviel Anmut rettungslos
verwirrt, entwirrn, und Friede, Friede flüstern.

# Inhalt

I

Schneebier 7
Die Elbe 8
Die Landschaft mit der kahlen Stange 9
Die Türme 11
Die Zwillingsschlote 12
Am Rande Roms 14
Der Paßgänger 15
Ausfahrt 16
Begräbnis 18
Vierzigstes Jahr 19
Der Nachwuchsengel 20
Vor dir auf dem Tisch deine Hand 21
Unerwartetes Auftauchen 22
Des Kreischens Brummbaß 23
Siebenhundert Jahre Ehe 24
Der Schutzengel 27
Der Dornbusch 28

II

Das Schreckensbild 31
Sommerfrische 33
Der Garteneinsatz 34
Der Regenwurm 35
Gartenkonzert 36
Anrede 37
Requiem 38

Der Engel mit der Eisenbahnermütze  39
Weltbild  40
Die Riesenengel  41
Dicht am Fenster  42
Da ich den Mittag verschlief  43
Eines Tags  44
Bäumegetrappel  45
Der Engel der Beharrlichkeit  46

III

Die Erleuchtung  51
Ostern  53
Der künstlerische Engel  54
An meines Haufens Lehm  55
An die Zahnbürste  56
Einmal hab ich gelacht  57
Der Kicherengel  58
Staatsbesuch  59
Der Milchkrug  60
Der Pflastermann  61
Rumpelstilzchen  63
Die Dienstreisenden  64
Der Aufsteigende  65
Der Molch  67
Ausschau nach dem großen Specht  68

IV

Der Wald  73
In wirrer Nacht  75
Spät  76
Kaum daß ich in den Hof trat  77
Im Durchzug eines Segels  78

Älter werden 79
Hosterwitz 80
Moritzburg 82
Der Mensch 84
Das Kamel 85
Das Auto 87
Das Holz der Rede 89
Rettender Engel 91